4223 3 DRV

CW01376129

PAULA
UND
DIE LEICHTIGKEIT
DES SEINS

Zoran Drvenkar

PAULA
UND
DIE LEICHTIGKEIT
DES SEINS

Illustriert von Peter Schössow
Bloomsbury Kinderbücher & Jugendbücher

für
die wahre paula

2. Auflage 2007
© 2007 Berlin Verlag GmbH, Berlin
Bloomsbury Kinderbücher & Jugendbücher
Alle Rechte vorbehalten
Umschlaggestaltung: Peter Schössow, Hamburg
Gesetzt aus der Stempel Garamond
durch Renate Stefan, Berlin
Druck & Bindung: Ebner & Spiegel, Ulm
Printed in Germany 2007
ISBN 978-3-8270-5196-7
www.berlinverlage.de

I

Paula ist zu dick.

Manchmal glaubt sie,
dass der Boden sie
bei jedem Schritt schwerer macht.

Wenn Paula über die Straße geht.
In der Schule.
Wenn sie mit anderen Kindern spielt.
An der Bushaltestelle.
Wenn sie am Abend im Bett liegt.
Also fast immer.

Im Wasser ist es nicht besser.
Paula ist die Einzige,
die im Schwimmbad sofort untergeht.
Trotz Schwimmring.
Selbst wenn sie sich
am Rand des Beckens festhält,
spürt Paula, wie sie nach unten
gezogen wird.

Auch das Tote Meer kann Paula nicht tragen.
Sie sinkt bis auf den Grund.
Paula hält die Luft an
und spaziert unter Wasser aus dem Meer.

Paula beschließt,
nie wieder schwimmen zu gehen.
Obwohl sie sich im Wasser sehr wohl fühlt.
Aber das tun Wale auch.

Manchmal schaut Paula an sich herab
und fragt sich,
ob sie Blei in den Füßen hat.
Oder in den Knien.
Oder vielleicht im Bauch.

Paula wünscht sich, leicht zu sein.
Wie eine Libelle,
wie ein Taschentuch
oder wie ihre acht Geschwister.

Paula hat eine sehr große Familie.
Fünf Brüder und drei Schwestern.
Außer ihren Geschwistern
gibt es an die hundert
Onkels und Tanten,
Cousins und Cousinen,
die über die ganze Welt verstreut sind.
Keiner von ihnen ist so schwer wie Paula.
Kein Kind, kein Erwachsener.
Einfach keiner.

Tante Zoe war die einzige Ausnahme.
Tante Zoe war bis zum letzten Winter
beinahe so dick wie Paula.
Dann hat sie eine Diät gemacht
und verwandelte sich in eine Gerte.
»Du schaffst das auch«, sagt Tante Zoe
jedes Mal, wenn sie Paula sieht.
»Du wurdest ja nicht so geboren.«

Paula wurde wirklich nicht so geboren.
Als sie vier Jahre alt war, fiel sie nicht auf.
Als sie sechs war, auch nicht.
Erst mit sieben Jahren begann Paula
dicker und dicker zu werden.
Sie ist jetzt acht, und so dick wie jetzt
war sie noch nie.

Das geht wieder weg«,
sagt ihre Mutter jeden Morgen.
»Du bist eben unser Pummelchen«,
sagt der Vater jeden Abend,
bevor er ihre Stirn küsst.
»Mich stört das nicht.«

Paula glaubt, dass ihr Vater lügt.
Es stört ihn doch.
Er hat aufgehört,
Paula in die Luft zu werfen.
Sein Kreuz tut ihm weh, behauptet er.
Auch die Onkels trauen sich nicht mehr.
Fast jeder von ihnen
hat plötzlich Kreuzschmerzen.
Paula kennt die Wahrheit.
Sie ist ihnen einfach zu schwer geworden.

Zu schwer für die Schaukel.
Zu schwer für das Fahrrad.
Und manchmal sogar zu schwer für Stühle.

Oft liegt Paula auf der Wiese hinter dem Haus.
Das Gras dort ist hoch und wird nie gemäht.
Auf der Wiese kann Paula
so dick sein, wie sie will.
Niemand sieht sie.
Paula ist dann wie ein Grashalm
zwischen Grashalmen.

Und so vergeht ein weiteres Jahr.

II

Im Sommer liegt Paula im hohen Gras
und lässt Spinnen und Käfer
über sich wandern.

Im Herbst sammelt sie Laub
und bedeckt sich
mit den roten und gelben Blättern,
bis nur noch ihre Nase herausschaut.

Im Winter versinkt sie im Schnee
und wünscht sich,
dass eine Million Schneeflocken niederfallen
und sie verschwinden lassen.

Und im Frühjahr ...

In diesem Frühjahr
versteckt sich Paula im Haus.
Der Grund ist Onkel Hiram.
Onkel Hiram kommt zu Besuch.
Er ist der Bruder von Paulas Vater.
Und er ist auch Paulas Patenonkel.

Paula fürchtet sich vor Onkel Hiram.
Er lebt in Australien und hat Paula
das letzte Mal vor zwei Jahren gesehen.
Da war Paula rank und schlank.
Jetzt ist Paula ein Wal, der übers Land wandert
und immer dicker wird.
Paula will alles auf der Welt, nur nicht
von Onkel Hiram gesehen werden.

Wo ist Paula?!«, ruft Onkel Hiram,
als er das Haus betritt.

Paula hat zwar viele
großartige Verstecke im Haus,
aber das großartigste Versteck nützt wenig,
wenn man sich nicht gut verstecken kann.
Onkel Hiram braucht knappe zwei Minuten,
dann hat er Paula gefunden.

Dir scheint es ja besonders gut zu gehen«,
sagt er und nimmt Paula auf den Arm,
als wäre sie noch immer sieben Jahre alt
und rank und schlank.
»Nicht gerade besonders«, sagt Paula
und sieht ihm in die Augen.
»Und das heißt?«, fragt Onkel Hiram.
»Ich bin zu dick und zu schwer,
genau das heißt es«, antwortet Paula.
Onkel Hiram lässt Paula ein wenig
in seinen Armen wippen.
»Wer ist hier zu dick?«, fragt er.
»Ich«, sagt Paula.
»Also ich spür nichts«, sagt Onkel Hiram
und meint es auch so.
Paula kann sehen, dass er nicht lügt.
Es ist kein Scherz.
Es ist wirklich so.
Paula hat auf Onkel Hirams Arm
fast kein Gewicht.

Schön, dich wiederzusehen«,
sagt Onkel Hiram.
»Wirklich?«, fragt Paula.
»Sehr wirklich.
Ich habe dich so sehr vermisst,
dass ich schon nicht mehr wusste,
wie du aussiehst.«
Paula lächelt.

Ich habe gehört, dass die Männer
in dieser Familie
an Kreuzschmerzen leiden«, sagt Onkel Hiram.
»Fast alle«, sagt Paula.
Onkel Hiram lacht und erzählt dann Paula,
dass in Australien niemand
Rückenschmerzen hat,
und was sie davon halten würde,
wenn er sie ein wenig in die Luft schmeißt.
»Das wär schon was«, sagt Paula.
Onkel Hiram behält sie auf dem Arm,
als sie in den Garten gehen.
Die Sonne scheint,
ein paar Wolken schleichen über den Himmel.
»Bist du bereit?«, fragt Onkel Hiram.
»Ich bin bereit«, sagt Paula.
Und Onkel Hiram wirft sie in die Luft.

Und Paula kommt nicht herunter.

Sie fliegt.
Und fliegt und fliegt.
Vier Meter hoch.
Und bleibt mitten
in der Luft schweben.

Paula schaut herunter und kichert.
Sie hat kein Gewicht mehr,
sie ist leichter als eine Feder
oder ein Taschentuch.
Der Flügel einer Libelle ist schwerer.
Paula kann nicht aufhören zu kichern.

Der Wind denkt darüber nach,
sie einfach mitzunehmen.
Er weht Paula weitere vier Meter nach oben.
Paulas Kichern wird zu einem Lachen.

Unten hält sich Onkel Hiram
eine Hand über die Augen
und schaut überrascht hoch.
Die Eltern kommen aus dem Haus gerannt,
die Geschwister hinterher.
Auch sie legen alle die Hände über die Augen
und schauen hoch.

Paula!«, ruft die Mutter.
»Komm mal wieder runter.«
»Pummelchen!«, ruft der Vater.
»Hör auf mit dem Quatsch.«
»Huhu! Paula!«, rufen die Geschwister.

Paula winkt
und denkt nicht daran,
herunterzukommen.
Sie schlägt einen kleinen Salto in der Luft.
Es ist ganz einfach.

Die Mutter hält sich die Augen zu.
Die Geschwister kreischen.
Der Vater spitzt verwirrt den Mund,
als würde er Paulas Stirn küssen.
Und Onkel Hiram weiß nicht,
wie er das mal wieder geschafft hat.

Paula legt sich auf den Rücken
und schaut in den Himmel.
Wenn sie wollte,
könnte sie aufsteigen
und jede Wolke einzeln berühren.
Paula will nicht.
Sie will einfach nur
auf dem Rücken liegen
und sich den Himmel anschauen,
während ihre Familie von unten nach ihr ruft
und sich fragt,
wie das nur möglich ist.

Und so schließt Paula die Augen
und schläft ein.

III

Paula erwacht nicht in ihrem Bett.
Sie erwacht nicht in einem Krankenhaus.
Niemand sagt zu ihr:
Alles war nur ein Traum.
Nein.

Paula erwacht weit oben in den Wolken.
Der Wind hat sie ein wenig
von zu Hause weggeweht.
Paula rudert eine Weile in der Luft herum,
bis sie das Haus ihrer Eltern
wieder unter sich sieht.
Es ist still und früh.
Die Sonne wärmt Paulas Rücken.
Die ersten Vögel rühren sich.
Paulas Magen knurrt.

Also beschließt Paula,
kurz runter in die Küche zu fliegen.
Sie will ganz schnell sein,
damit sie keiner bemerkt.
Wie eine Feder sinkt sie hinab.
Wie eine Feder mit einem Libellenflügel
auf dem Rücken.
Wie eine Feder mit einem Libellenflügel
auf dem Rücken
und einem Taschentuch obendrauf.
Wie eine Feder mit …

Paula schreckt zurück.
Je näher sie dem Boden kommt,
umso schwerer wird sie.
Hastig steigt Paula wieder
in die Luft auf.

Mama!«, ruft sie.
Die Mutter schaut verschlafen
aus dem Fenster.
Paula zeigt auf ihren Bauch.
»Komm doch runter«, sagt die Mutter.
Paula schüttelt den Kopf.
»Ich kann nicht«, lügt sie.

Eine halbe Stunde später
verlässt die Mutter das Haus
mit einem Korb in den Händen.
Onkel Hiram folgt mit einem kleinen Tisch,
und Paulas Papa mit Ballons
und einer Gasflasche.

Das klappt doch nie«, sagt Lolle.
Lolle ist Paulas ältere Schwester.
Sie ist neidisch,
dass Paula in der Luft schweben
und den Wolken den Bauch kratzen kann.
Lolle hätte auch gerne die Nacht
da oben verbracht.
Sie ist aber rank und schlank
und isst immer nur die Hälfte.

Mal schauen«, sagt Onkel Hiram
und füllt die Ballons mit Gas.
Der Korb wird an den Ballons festgebunden
und hebt sich ganz leicht vom Boden.
Auch an den Tischbeinen werden
ein paar Ballons festgebunden.
»Ein paar mehr müssen schon sein«,
sagt der Vater und bindet
noch ein paar Ballons mehr
an den Tisch.

Der Korb schwebt als Erstes hoch.
Dann folgt der Tisch.
Und oben wartet Paula
mit knurrendem Magen.

Kekse, geschnittene Paprikastreifen,
Käse- und Gurkenbrote,
Pudding, Brötchen,
Pfannkuchen mit Kirschfüllung,
Kartoffelsalat,
Käsekuchen ohne Boden und Rosinen,
vier Sorten Schokolade,
Äpfel und Bananen,
Chips, ein Stück kalte Pizza,
eine Dose Malzbier.

Der Tisch ist jetzt voll,
der Korb ist leer.
Paula macht es sich in der Luft gemütlich
und frühstückt.

IV

So vergeht der Frühling,
und Paula muss nicht aufs Klo.
Sie muss sich auch nicht waschen.
Paula duftet.
Sie weiß nicht, wie das möglich ist.
»Aber du musst doch mal pinkeln«,
ruft ihr Lolle zu.
»Muss ich nicht«, ruft Paula zurück,
»ich bin so leicht, da muss ich gar nichts.«

Ein paarmal regnet es,
aber Paula bekommt Hilfe
von ihren Geschwistern.
Ein Regenschirm schwebt nach oben.
Das Wetter wird allmählich besser,
der Sommer kommt näher.
Paula hat Bücher und sie hat den Himmel.
Und wer Bücher und den Himmel hat,
der kann den ganzen Tag
nur lesen und schauen,
und es wird nie langweilig.

In den Nächten legt sich Paula
in die Äste einer Kastanie,
damit der Wind sie nicht davonweht.
Sie wird zu einem Blatt
und teilt die Träume des Baumes.
Wer auch immer Paula
zwischen den Ästen der Kastanie
liegen sieht, könnte denken,
sie würde es unbequem haben.
Dem ist aber nicht so.
Paula hat noch nie so gut geschlafen.

Der Sommer beginnt,
und Paula spielt mit den Schwalben.
Zum Ferienanfang lässt sie sich
vom Südwind ans Meer tragen.
Paula schaut sich die Strände an,
sie lacht mit den Möwen
und winkt ihren Geschwistern
und all den Badenden,
die mit offenen Mündern
im Wasser stehen.
Dann reist Paula
mit dem Nordwind zurück
und bleibt über ihrem Zuhause schweben.
»Hallo, Kastanie«, sagt sie
und setzt sich zufrieden auf einen Ast.
Paula ist froh, wieder zu Hause zu sein.

So endet der Sommer,
und der Herbst rennt
wie ein junger Hund übers Land
und schüttelt die Bäume.
Die Blätter verfärben sich und fallen herab.
Pullover und Jacken fliegen zu Paula hoch.
Sie zieht sich wärmer an.
Ab und zu kommen Leute
und schauen sich das dicke Mädchen an.
Und einmal
ist auch das Fernsehen da,
aber Paula macht keine Saltos für sie.

Wieso kannst du fliegen?«,
fragt das Fernsehen.
»Wieso nicht?«, fragt Paula zurück.
»Du bist doch viel zu dick dafür«,
sagt das Fernsehen.
»Fernsehen ist doof«, sagt Paula
und zeigt der Kamera
ihren Rücken.

Mit dem Winteranfang wird es kalt.
Das Laub ist vom Boden weggefegt,
die Äste der Kastanie sind kahl.
Niemand steht mehr auf der Wiese
und schaut zu Paula hoch.
Die Luft riecht nach Kaminfeuer.
Und der Himmel ist grau
wie ein Stein unter Wasser.
Es fliegen keine Schwalben mehr.
Es ist still geworden.
Auch weit oben in der Luft.
Still.
»Jetzt kannst du doch herunterkommen!«,
ruft ihre Mutter.
»Damit du dich mal aufwärmst!«,
ruft der Vater.

Paula denkt nicht daran.
Sie ist stur
und will ihre Freiheit nicht aufgeben.
Also schickt der Vater
ihr einen Heizlüfter hoch.
Das Stromkabel schlängelt sich
durch die Luft
wie eine schwarze Girlande.
Doch es hilft nichts.
Die heiße Luft wird
vom eisigen Wind weggeweht.
Paula friert weiter.

P aula, komm doch mal runter!«,
rufen Paulas Geschwister.
»Paula, ich vermiss dich!«,
ruft Lolle.
Paula zittert und bibbert.
Sie will nicht.
Eine Krähe landet auf ihrem Kopf
und macht Krähengeräusche.
Paula zittert weiter.
Eine zweite Krähe kommt,
dann ein Uhu,
dann eine Elster.
Bald ist Paula mit Vögeln bedeckt.
Sie spürt ihre warmen Körper,
sie wird von Flügeln geschützt.
Das Zittern verschwindet.
Jetzt kann der Winter Paula nichts mehr.

Am Nikolaustag schweben zwei Stiefel
zu Paula hoch.
In einem Stiefel sind Süßigkeiten,
in dem anderen sind Knabbersachen
für die Vögel.

Vier Tage nach Nikolaus schneit es.

Die Schneeflocken landen in Paulas Haar
und auf ihrer Zunge.
Sie versuchen in Paulas Ohren zu kriechen,
aber Paula schüttelt den Kopf und lacht.
Am nächsten Morgen
werfen die Geschwister
mit Schneebällen und versuchen
Paula vom Himmel zu schießen.
Keiner trifft sie.
Paula ist zu schnell.
Sie weicht aus und zeigt ihren Geschwistern
eine lange Nase.

Und zu Weihnachten wird Paula
von einem kleinen Weihnachtsbaum geweckt,
der wie eine grüne Feder
zu ihr hochschwebt und sie anstupst.
Paula schnappt sich ihre Geschenke,
bevor sie der Wind davonweht.

Am Abend steht die Familie unten
und singt für Paula.
Paula singt ein wenig mit
und wünscht sich für
zwei Sekunden,
wieder unten zu sein.
Dann sind die zwei Sekunden vorbei,
und die Eltern rufen:
»Wann kommst du wieder zu uns?«
»Ich weiß nicht!«, ruft Paula zurück,
und sie weiß es wirklich nicht.

V

Schließlich
kommt der Frühling.
Ein ganzes Jahr ist jetzt vergangen.
Paula war keinen Tag in der Schule.
Sie hat unter den Wolken
über hundert Bücher gelesen
und fühlt sich sehr klug.
Sie hat an keinem Tag den Boden berührt
und vermisst niemanden.
Sie will nicht ins Kino,
sie will nicht in den Zoo.
Sie ist froh, einfach nur
über die verschneite Landschaft
zu schauen.

Ich glaube, ich bleibe für immer hier oben«,
ruft Paula eines Tages nach unten.
»Ist das nicht zu langweilig?«,
ruft Lolle zurück.
»Iwo, ich hab die Wolken und die Vögel,
und der Wind kann auch
ganz witzig sein.«

Aber hier lügt Paula ein klein wenig.
Sie vermisst es, rumzualbern.
Sie vermisst es,
jemandem ihre Träume zu erzählen.
Und sie würde sich gerne mal wieder streiten.
Von ihrer Mutter zudecken lassen.
Oder dass der Vater
ihr an den Ohren zupft,
das fehlt ihr auch ein wenig.

Als der Schnee schmilzt,
ist Onkel Hiram auf der Durchreise
und kommt wieder zu Besuch.
Er hat Paula einen Karton
mit Büchern mitgebracht
und schickt sie per Ballonexpress
nach oben.
Er hat Paula auch ein Handy beigelegt,
damit sie sich besser
unterhalten können.

Hallo, kannst du mich hören?«
»Ich kann dich hören.«
»Wie ist denn die Luft da oben?«
»Ganz schön frisch.«
»Hier unten duftet es nach Frühling«,
sagt Onkel Hiram.
»Weißt du, wie eine Krähe riecht?«,
fragt ihn Paula.
»Wie denn?«
»Wie getrocknete Blumen
in einer Tasse Fencheltee.«
»Ach«, sagt Onkel Hiram und wünscht sich,
auch mal oben zu sein.
»Ich vermiss dich«,
sagt Onkel Hiram.
»Ach«, sagt Paula
und dreht sich schnell auf den Rücken,
damit Onkel Hiram
ihr Gesicht nicht sehen kann.

VI

Vielleicht wäre alles so geblieben.
Vielleicht hätte Paula das nächste
und übernächste Jahr
alleine in der Luft verbracht
und wäre eines Tages heruntergekommen.
Vielleicht.
Aber das Leben ist manchmal
wie eine Schneeflocke,
die durch die Luft schwebt
und bei der man denkt,
die landet ja nie auf dem Boden.

Die Wahrheit ist,
eines Tages landet jede Schneeflocke
auf dem Boden.
Die Wahrheit ist auch,
dass das Leben voller Überraschungen steckt
und die Langeweile eines Tages aufhört
langweilig zu sein,
während die Einsamkeit ihre Sachen packt
und zurückkehrt in ihre Einöde.

Eines Tages sieht Paula herunter,
und da liegt ein Junge im Garten.
»Bist du Paula?«, fragt der Junge.
Seine Stimme klingt dabei komisch.
Als würde er das erste Mal sprechen
und wollte nichts falsch machen.
»Ich bin Paula«, sagt Paula,
»und wer bist du?«
»Ich bin Gunnar«, sagt Gunnar,
»und ich komme aus Schweden.«
»Oh«, macht Paula.
Und dann erzählt ihr Gunnar
seine Geschichte.

Gunnar hat im Internet
von dem dicken Mädchen Paula gelesen,
das zwischen der Erde und den Wolken lebt
und nicht daran denkt,
auf den Boden herunterzukommen.
Daraufhin hat Gunnar beschlossen,
Paula zu besuchen.
Für seinen Besuch hat er
jede Öre und jede Krone gespart.
Er hat wie ein Verrückter Deutsch gelernt
und dafür eine 1+ im Unterricht bekommen.
In den Ferien hat Gunnar
seine Sachen gepackt.
Er buchte einen Platz auf der Fähre
von Schweden nach Deutschland
und fuhr dann mit dem Zug
weiter zu Paula.

Und warum das alles?«,
fragt Paula.
Gunnar steht auf.
Paula sieht jetzt, warum.
Gunnar ist dick.
Ganz schön dick dick.
»Ich will auch«,
sagt Gunnar
und streckt die Arme hoch,
»bitte.«

Paula nimmt Gunnar bei der Hand
und zieht.
So einfach geht das.

Eine Woche später
kommt Tia aus Kentucky.
Sechs Tage später Jassel aus Venezuela.
Dann Patrick aus Sydney,
Kolja aus Petersburg,
Eva aus Toronto,
Nah aus Hiroshima,
Valerio aus Palermo,
Nenad aus Koprivnica,
Felix aus Basel,
Gero aus Hildesheim.
Benni und Josie
und Diana und Joe und
Kira und Leopold und Maxi
und NghJui und Porto
und wie sie alle heißen.
Sie kommen von überall her.
Sie sind alle zu dick.

Schließlich ist es so weit
und die Einsamkeit packt ihre Sachen
und die Langeweile geht gleich mit,
denn der Himmel über Paulas Zuhause
ist jetzt wie ein gesprenkeltes Sternendach.
Ein Sternendach voller Lärm.

Dicke Jungs und dicke Mädchen
jagen sich.
Sie erinnern an fliegende Kissen,
sie erinnern an wollige Fledermäuse
und schlagen feine Saltos
und lachen dabei
und reden pausenlos.
Zum Schlafen
drücken sie sich eng aneinander.
Und wenn sie schweigen,
starren sie in die Wolken
oder lesen sich Bücher vor.
Sie streiten sich natürlich auch,
aber sie freunden sich schnell wieder an.
Sie müssen kein einziges Mal aufs Klo.
Sie sind leichter als Libellenflügel.
Und wenn das Fernsehen ihnen Fragen zuruft,
legen sie sich auf den Rücken
und schauen in die Wolken.

Keins von den Mädchen denkt daran,
auf die Erde herunterzukommen.
Keiner von den Jungs denkt daran,
dass es eines Tages anders sein könnte.

Und niemand von ihnen
kommt auf die Idee,
dass diese Geschichte hier und jetzt
endet.
Auch nicht Paula.
Aber so ist es.

Es ist ein wenig wie die Luft anhalten.
Es ist ein wenig wie die Augen schließen
und sich ein Bild merken:
Paula
und ein gesprenkeltes Sternendach
voller Jungs und Mädchen.

Ende

mein dank geht an

gregor & corinna
wunderbarer freund
wunderbare muse

martin & tine
& das glitzern in ihren augen
als sie die geschichte hörten

daniela
die beim lesen hochschaute
& paula oben schweben sah

dorit
für die klarheit & den respekt
den sie gegenüber meinen figuren hat

renate
die paula adoptierte & mit liebe
ins rechte licht rückte

peter
der paula ihre gestalt gab & zeigte
daß es auch besondere formen
von dicksein gibt

elisabeth
die mich mit ihrer begeisterung
zu tränen gerührt hat